JN408722

# 푸른 물고기

국립중앙도서관 출판시도서목록(CIP)

푸른 물고기 : 이윤수 시집 / 지은이: 이윤수. — 서울 : 문학공원, 2014
p. ;　　cm

ISBN　978-89-6577-095-4 03810 : ₩8000

한국 현대시[韓國現代詩]

811.7-KDC5
895.715-DDC21　　　　　　　　　　CIP2014009540

문학공원 시선 87

# 푸른 물고기

이윤수 시집



문학공원

## 푸른 물고기

어린 은행나무 하나 바람에 흔들린다
밤마다 서너 개의 뿌리가 늘어난다
한 개씩 늘어날 때마다
한 개씩 나무를 벗어나고 싶은 뿌리는
몸통을 지나 여린 잎에 잔가시를 새긴다

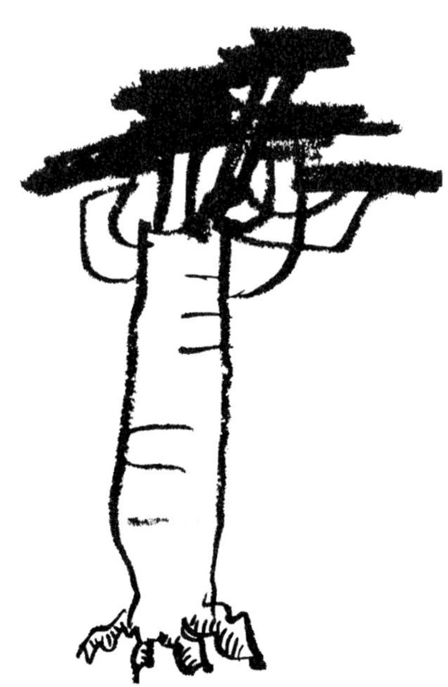

큰 나무 그늘 사이에서도
날개를 접지 못하는 거목이 되는 꿈
푸르게 퍼득거린다
자꾸만 뛰고 싶어
가지 끝까지 힘을 뻗어 마구 흔들어댄다
그가 파도친다
생의 완성을 위해
여린 잎들 활주로를 달린다

# 서시

생각하는 것만으로도
시가 되고
말하는 것만으로도
노래가 되는 날이 올 거야

그날은
길목에 숨어서 기다리던
생각들과 단어들이
거센 파도처럼 나를 덮칠 거야

어둠이 제아무리 가리고 싶어도
가릴 수 없는 빛들로 가득할 거야

위도와 경도 상에 표시되어 있지 않은 곳에서
부유물처럼 떠다닐지라도
내가 부르면
섬이 되어 지도 위에 표시될 거야

갈매기들이 내 노래를 부르고
조개들은
내 음악을 듣고 진주를 품겠지

무수한 꽃잎들이 저마다
다른 빛을 가지고
제색을 꿈꾸듯이 내 삶은
시가 될 거야
노래가 될 거야

## 문을 열면 다른 세상이 보인다

어렸을 적 모아놓았던
딱지와 구슬을 찾고 싶습니다

숨겨진 보물을
발견하면서 살고 싶습니다

## 차 례

# 차 례

## 2부
## 자전거 탄 수채화

## 차 례

# 숲을 먹어버린 진달래

# 밥그릇

바다이
다
보인다

늘
가득한
빈손

다 퍼주고도
웃는
사람

# 탄생

밤을 만든 하나님이
냇가에서 달을 씻어 하늘에 걸으시고
별을 씻어 뿌렸어요
살짝 구운 빛을 달과 별에게 입혀주시고
주무셨어요

# 첫사랑

잎 하나
잎 둘
잎 셋을
차례로 부르면
일월에서 이월로
이월에서 삼월을 지나
사월이 언제라도 올 것만 같다

물 댄 논에 떠있는
구름 위에서
그렇게
첫사랑을 만났다

# 사랑해

지구를 창조하는데 걸렸던 시간보다
짧은
종이 한 장보다
얇은
0.1초를 수만 번
쪼갠 순간 속에서
만난
'사랑해'라는 말의 팽창이 우주보다 더 커져

# 숲을 먹어버린 진달래

산비탈에 꽃망울 터트린 진달래가
아무도 없는 뒷산에서
서걱거리는 바람을 삼키며 숲을 지우고 있다

붉은 눈을 가진 그 모습 더 빛날 때면
숲은 하나씩 어디로 가는지 보이지 않고
기척 없는 숲에 놀란 바람 휘청거리다 흘러간다

우묵한 가슴 하나 남는 땅,
나무들 바위들은 반항도 못한 채
자기들의 존재는 어디 있냐고 시끄럽게 운다

포식자가 되어버린 진달래
입안에 불이 붙어 타오른다
푸른 새싹으로 올라오는 어린 목숨들
아랑곳 하지 않은 채
창문 하나에 가득 찬 진달래가
숲을 삼키고 있다

충혈된 두 눈이 더 붉다

# 동풍을 타야겠소

그대가 눈치 채기 전에
루드베키아 피는 언덕 너머 코스모스
그 아련한 흔들림에 나를 맡기고 싶어
동풍을 타야겠소
삐죽삐죽 세워지기도 선돌이 되기도 한
당신 없는 들판
그곳에 가기 위해 동풍을 타야겠소
여기 있다가는 내가 나를 버릴 것 같아
동풍을 타고 넘어가야겠소

# 피아노 배우기 · 1

하나의 음을 익히기 위해
먼지 하나까지 되짚어본다
위태하게 올라간 음률들이 빠져나가지 못해
천장을 두드리는데
불규칙 파동이 바닥과 벽을 치며
긴장감의 진동수를 증폭시킨다
손가락과 건반 그리고 건반 사이의 낯설음이
지구 한 바퀴를 돌아와
알 수 없는 음계에 소용돌이치는 나를 던져
길들이지 못한 야생음에 올라타 달리게 한다

## 피아노 배우기 · 2

머뭇거리던 손가락들이
이제는 제자리를 찾아와
한 칸 한 칸 건너뛰어 피어난
쑥부쟁이
달빛에 흔들리며

검은 돌 징검다리
반음계 누르면
물빛 속에 잠을 자던
은어들이 솟아올라 춤을 춘다

붉게 물드는 시월
나무들은
달빛에 흠뻑 젖어
흰 건반 위에
음표 하나 놓아준다

아, 보름달
건반과 건반 사이에 걸려
떠나지 못하는 사랑이야기
악보 속에 숨죽이고 있는
나뭇잎 바스락거림 같아
한 잎 두 잎 포개지는 울림이
떨림이
가을 잔등 두드리는 서곡이 된다

# 월드워Z

어제였지
저녁이었어
언덕이었는데 나무가 있었지 그늘이 제법 근사했어
석양이 지는 쪽을 바라보며 우린 나란히 앉아있었지
브레드피트가 저 먼 곳으로부터 다가올 때까지만 해도
난 믿지 않았어
당신은 그를 좋아했지만
솔직히 질투했다는 거 이제는 인정해
나는 남자답지 못했어
당신 팔을 붙잡고 소리 없이 떨고만 있었지
날 위해 용감하게 싸워주는 브레드피트를 보고
아무 할 말이 없었어
용서는 그 다음이었지
우리가 앉아있던 그 자리
풀들이 쓰러져 누운
우리들의 몸자국, 지문 같은 표식
개망초처럼 흔들리며 바라보던 석양을
나는 결코 잊지 못할 거야
영화관 밖으로 나왔지만

아직도 영화는 진행되고 있는 기분이야
언데드는 여기일까 영화 속일까
중요한 건
이 지구에서 유일하게 살아남은 건
당신과 나뿐이라는 걸

# 11월의 노래

나무가 떨고 있다
금빛 비늘이
우수수
슬픈 노래가 되어 떨어진다

태양을 닮아
빛나는 머릿결
밤을 밝히는 전등처럼
고개 숙인
어깨를 비춰준다

시간 꿈 사랑 그리움까지도
가을은 데려가려 하지만
접은 날개 죽지 속에서 부는
따뜻한 바람이
마지막 일기를 써내려가지만
지워져버리는 글자들
홀로 남아야하는 나무들

수많은 책장을 넘기고 나면
덮어질 계절을 두고
가야지
유일한 노래를 부르며

# 가을 손수건

손수건 닮은 잎 하나 주워든다

바람은
길 떠나는 잎들을 음악처럼 보낸다
돌아오지 못할 시간을 따라
뒤도 돌아보지 말라며

떠나지 못하는 난
길동무도 되어주지 못하는 슬픔을
길모퉁이에 모인
다른 구겨진 잎들과 함께
고개를 어깨 속에 감추고

다시 만나지 못한다 해도
밑줄 그으며 써내려간
수많은 날들…
밤거리에서 대기하는 브레이크 등을 닮아
빛나는 단풍잎들

살갑던 정들…
사그락사그락 타들어간다

가슴 가까운 안쪽 주머니에
가을을 넣고 걸어간다

# 가을 구두

1.
여자의 구둣발소리는
낙엽 뜨겁게 달구던 햇살소리
또각또각
이파리들이 흩어졌다
다시모여
뒷굽 모서리에 잔물결친다

2.
푸른 하늘
부풀어 오르는 구름들
징검다리 건너듯
또각또각
금비늘 잎이
뒷굽 모서리에 모여 반짝인다

## 겨울나무

하얀 눈꽃
새떼들의 수다

너의 긴 묵상
흙의 박동

겨울이 끝나기 전
굳은 땅 표층에 흐르는
가는 핏줄이
비를 만나
시작을 알린다

# 기타

한집에 사는 형제들은
다르면서도 서로를 좋아한다
한 줄 튕기면 옆줄을 깨우고
또 다른 줄도 나란히 일어나
집을 울린다

가끔 음색이 다른 소리가 섞이기도 한다
왁자지껄 불협화음이 되기도 하지만
도는 레와 미는 파와 솔은 라가
서로 밀어주고 끌어주는 조율을 거쳐
하나로 모여든다

음악을 연주하는 악사는 누굴까
빠르게 그리고 때론 느리게
손가락을 튕겨낸다
맑은 물소리가 난다

# 나만의 영토

돌짝밭 사이에 태어난
어린 구절초는
하루도 거르지 않고
꽃대를 밀어 올리며 하루를 시작한다

돌짝밭에서
자꾸만 커지는 몸통은
군중 같은 돌들을 밀어 올려
잠망경 같은 꽃대를 세워나간다

뿌리에서 잉태한
하나의 깃발을
꽃대 위에 게양하고 싶어
생의 전부인양 솟아오른다

나만의 영토를 위해…

# 이십층에서

엘리베이터를 타고 한 층씩 올라가며
높은 나무에 집을 짓고 사는 새들을 떠올렸다
까마득히 높게만 보였던 소나무들의 푸른 머릿결도
이제는 발밑에서 흔들리고 있다

저층에만 살던 내가 이십층으로 이사하는 날
버리지 못해 함께 온 오래된 집기들과 묵은 가구가
높은 곳으로 올라가며 멀미가 나는지
네 발로 바닥을 꽉 붙잡는다

이십층에 올라보니 전망이 좋다
에어컨 없이도 바람이 시원하다
자고 일어났더니
이십 센티미터 쯤 키가 웃자란 아이 같아
밑을 내려다보며 어깨를 우쭐우쭐 해본다

밤이 되면 별들이 손에 잡히겠다

# 까치

까치가
쌓인 눈 때문에
나뭇가지에도 마당에도
앉지 못한 채
먹이를 찾아 배회하고 있다

그의 끊임없는 날갯짓이
생의 몸부림처럼
느껴지는 것은 왜일까

까치가 텃밭으로 내려앉았다가
이번에는 앞집 옥상으로 날아가 앉는다
어디에도 먹을 게 없는지
잠시 앉았다가
다시 한 번 날개를 편다
까치가 저 멀리
아침 공기 속으로 사라져갔다

나도 일상으로 돌아가야겠다

# 물방울

내가 서있는 모든 곳은 출발점이며 도착점이다 그러므로 세상 모든 곳은 더 이상 갈데없는 막장이다 잎 끝에 서서 울고 있는 한 아이가 겹겹이 밀려오는 물결 모양의 두려움을 발가락 곧게 세워 발돋움으로 버텨내고 있다 무조건 붙잡아야 한다 떨고 있는 아이를 위해 잎들은 두 겹 세 겹 물방울을 에워싼다 떨어지지 않으려고 불러일으키는 작은 소란들이 숲속에 가득하다

'똑똑'
물방울 떨어지는 소리와 소리가
서로 한 몸이 되어 햇살 아래 반짝인다

# 페트병

새벽
그래 새벽이었어
그 새벽
외로운 한 사람
베란다 창에 비춰진 안개를
탁자 위에서
물끄러미 바라보는 사내
그는 페트병이었어

속이 다 비어버린 남자

# 2부

# 자전거 탄 수채화

# 푸른 물고기

어린 은행나무 하나 바람에 흔들린다
밤마다 서너 개의 뿌리가 늘어난다
한 개씩 늘어날 때마다
한 개씩 나무를 벗어나고 싶은 뿌리는
몸통을 지나 여린 잎에 잔가시를 새긴다
큰 나무 그늘 사이에서도
날개를 접지 못하는 거목이 되는 꿈
푸르게 퍼득거린다
자꾸만 뛰고 싶어
가지 끝까지 힘을 뻗어 마구 흔들어댄다
그가 파도친다
생의 완성을 위해
여린 잎들 활주로를 달린다

# 가로줄 하나 그으며

어떤 때는 외길처럼 보이고
어떤 때는 밑바닥 인생 같기도 해
어떤 때는 외나무다리 같아
길 위에서 오도 가도 못하지
하지만
어떤 때는 출발선 같아
수평선 넘어 다른 세상을 꿈꾸기도 하지

자 오늘 하루도
줄 하나 그으며 시작해

# 가시나무

엄마이야기는 배경음악이다
아주 먼 옛이야기부터 오늘까지
커다란 이야기책이다
어떤 사람은 돌이킬 수 없는 나쁜 사람
어떤 사람은 쇠고기 한 근에 착한 사람이다
나는 아직 나쁜 사람도 착한 사람도 아니다
쌀 한 봉지에 목숨 나눌 줄 아는 옛날이 있었다
다만
'윤수야 밥 먹어'
엄마 외에 들어본 적 없는 소리
오늘 문득 들려온다

# 멍석

고추 널던 마당에
오늘은 무말랭이를 넌다
마당에 널어 말린 햇벼는
가마니에 담아 광에 들였다
한동안 밥을 안 먹어도 배부르겠다

여름이면
모깃불 주위에 나란히 누워
별을 헤다 잠들었다

아버지가 안계시니 이제 누가
멍석을 짜나
농사도 줄고 내년부터는
멍석이 필요 없을지도 모른다

무말랭이로 덮여가는 멍석 빛깔이
돌아가신 아버지 수의를 닮았다

# 자전거 탄 수채화

제비꽃도 개망초도 물에 잠겼을 텐데

귀에 꽂은 이어폰은
구름 속 하늘을 수신하는지
그녀의 동공은 잿빛 하늘을 닮았다

잠시 멈춘 행간 사이로
잿빛 구름을 이고 달려오는
그녀의 자전거

차선을 넘어 질주하는 가로수
푸른 가슴 열어버리고
물결치며 좇는다

그녀의 은륜소리
어디까지 갈까

나를 스치고 지나가며
횡단보도를 건너 사라지는 뒷모습
내 심장엔
채울 수 없는 구멍 하나 생겼다

# 고장난 엘리베이터

버튼을 눌렀지만
엘리베이터는 닫히지 않는다

속은 텅 비었고
이빨도 혀도 보이지 않았다
쇠로 만든 외줄에 매달린 채
두 손과 긴 팔마저 검게 그을려
비명도 지르지 못하고 멈춰 있었다

어머니가 그랬다
백리 길 수원에
짐자전차로 쌀을 내다 팔면서
그 동네 쌀가게 아줌마에게
머리를 쥐어뜯겼지만
돌절구처럼 한 번도 흔들리지 않았다

어머니의 팔과 다리는 무쇠인 줄 알았다

사람이나 기계나
고장나기 전에는 알지 못한다
수리공이 와서 몇 번 풀었다 조이니
엘리베이터가 움직인다

어머니의 손을 잡고 수술실로 올라간다

# 무제

시간을 가둬놓는다
시간의 척추를 분질러버렸다
허공에 있는 길을 다 지워버린다
꿈속에서도 움직이지 못하게 시곗바늘을 묶어버린다

아버지 돌아가시던 날
처박아놓은 뒤
시간을 다시는 꺼내기 싫었다
건널목에서 다리가 부러지고
장기들이 눌려 숨을 제대로 쉬지 못했다

아버지는
시간을 가져가버리고
나는 징소리에 가위눌려
늘 까무러치곤 했다

다시 시간의 뼈를 맞춘다
척추를 다시 세우고
시곗바늘을 제자리에 끼운다

죽어서도 살아계신 아버지가
돌려준 시간이
똑딱 똑딱

## 아버지의 비늘

쟁기질하는 아버지를 지켜주는 건
늙은 소나무밖에 없더라
세월은 나무에
검고 두꺼운 비늘을 각인한다
아버지 다리에 비늘이 새겨질 때마다
내 허리가 휘어진다

내 허리가 휘청일 때마다
아버지 다리에는
비늘이 점점 굵어져갔다
나는 소나무 뒤에 서있고
아버지는 이미 소나무가 되었다
저기 쟁기질하는 사람은 이미
내가 아는 아버지가 아니다

흔들어도 떨어지지 않는 비늘
아버지 비늘 속에
우리 가족이 산다

무논에 가득 찬 봄 하늘이 태몽을 꾸기 위해

# 섬진강

산도 눕고 강도 누워있다
백로가 드리워주는
날개 아래 쉬고 있는 시간도
정오의 고요까지도
그 속에 들려오는 친구들의
재잘거리는 소리
웃으며 다가오는 섬진강
어린아이 허벅지살 같은 모래가
손가락 사이로 빠져나와
아침을 더욱 빛나게 했다
섬진강 물줄기는
거친 턱수염이 없어서 좋다

# 안개주의보

개똥아 하고 날 부른다

허겁지겁 밥 먹으랴 어머니 눈치보랴
소꿉친구들 기다리는데
틈을 보아
냉큼
동네어귀로 빠져나왔다

안개 속이다

출근길에
비상등만 점멸하며 도로에 갇혀있다

# 호수

호수는 물 밖으로 나오고 싶어 출렁거린다
사람들은 갇혀있는 그를 보고
위안을 삼고 평안을 느끼지만
호수는 바닥을 보이지 않기 위해
거친 표면을 만들어 가면을 쓴다

낮이 되면 호수는 눈을 떠
저만치 물러난 하늘을 담아
수성 금성 화성을 지나 해왕성까지 가고 싶지만
지금은
날아가는 새의 깃털조차 건드릴 수 없다는 것을
그는 안다

밤이 되면 호수는 눈을 감는다
내면의 어둠보다 더 짙은 밤이 오면
그는 스스로 별을 받아 몸 속 깊숙한 곳에 두어
영원히 잠들 것 같은 진공상태의 자신을 깨우며

자기 안에 기생하는
가물치 붕어 플랑크톤과 고요까지 별무리 속에 살게 해준다

사람들은 호수를 가둬놓으려 하지만
호수는 바깥으로 나가고 싶어
물살을 일으킨다는 사실을 아무도 알지 못한다

# 밑줄

오래 묵은 책갈피 속에서
밑줄들이 가끔 신호를 보내올 때가 있다

언제나 미로 속에서 밑줄은 글자들이 땅으로 꺼지거나 공기 중으로 날아가버릴지 모른다는 두려움 같은 것이 있어 문장으로 포획해 가둬버린다

그 발 아래 그어진 밑줄에는 중요도에 따라 별 하나 별 두 개 별 세 개가 진하게 흐리게 그리고 조형과 균형을 맞추어 가며 빛나고 있다 그 별들의 중력이 무질서한 글자들을 묶어 망각될 기억들을 붙잡고 있다 난 당신을 기억하기 위해 가장 굵고 진한별을 그려놓고 빨간 색연필로 발 아래 밑줄을 그었는지도 모른다

파란색 밑줄이 포박을 풀고 나를 바다로 데려간다
물고기처럼 튀어 오르는 글자들을 따라 가노라면
형광펜들이 등대처럼 환한 불을 켜놓고 길을 밝혀준다

누군가 백년 뒤에 내가 그어놓은 밑줄을 따라 가장 굵고 진한별을 향해 또 다른 당신을 찾아 나설 것이다

# 홀어머니

무명 치마저고리 입고
곱디고운 손 흔들던 어머니

밭으로 가서 억센 손이 되었고
논으로 가서 억센 다리가 되었다

민들레홀씨가 된 어머니께
대문을 지키던 누렁이도
아궁이에 밥 짓던 솥단지도 없다
자식들은 아버지가 되고 어머니가 되었지만
팔십 평생
그 누구도 이겨본 적 없는 어머니가
지금도 이기려하지 않는다

나한테는 말도 못 꺼내고
다른 사람들한테는
- 막내 집에 가서 살 거야 -
하신다

# 정기검진

간호사를 보면 안심하는 어머니
유년시절 어머니는
나에게 간호사였다

어머니 당 수치 150
나의 당 수치 83
천국 문 두드리는 차이 67

난 똑바로 보지 못한다
갈고리 같은 어머니 손가락
마디마디에 새겨진 굳은살

'이젠 죽어야지'하면서도
약 챙기시는 어머니 얼굴
생의 주름들이 물결처럼 미소진다
윤수야 윤수야 부르시는 어머니

# 처갓집 가는 길

일상에서 잠시 이탈한다

아이가 소리친다
– 아버지 별이 엄청 많아요 카시오페이아도 있고 오리온도 있어요 –
차가 흔들릴 때마다 별도 흔들린다

불빛에 하나씩 둘씩 드러나는
옛길
폐교된 초등학교 앞
개천을 지난다
아내의 얼굴에 미소가 떠나지 않는다
몇 세대가 소리도 없이 흘러갔을까
산들이 먼저 마중나온다

멀리 불빛이 보인다
아내는 주섬주섬 애들 옷을 입히고
보따리를 챙긴다

배춧잎 덮어놓은 듯이 생긴 지붕 아래로
노란 속배기 꽉 들어차 있겠다

# 서랍을 닫으며

서랍을 열 때마다 썩은 송장 냄새가 난다
아무에게도 하지 못한 이야기들이
썩어가고 있나 보다
도장 통장 사업자등록증 그리고
몇 장의 서류와 일기장을 넣어두었다
일기장을 펼치자
검은 입이 보인다
그 입 가득 씨줄과 날줄로
거미줄이 가득하다
거미줄 걷으며
일기장을 한 장 한 장 넘긴다
비릿한 살 냄새
아버지의 교통사고를 넘기자
죽은 형의 암덩이가 다음 장에서 울컥 넘어온다
일기장이 숨가빠한다
또 한 장 넘기자
눈텡이치고 도망간 친구놈이 낄낄대는 소리 들린다

마지막 장 덮으며 목을 떨군다
나도 눈을 감는다
유서로 써놓았던 검붉은 말들을 관 속으로 내려보낸다

# 봄 편지

나무 아저씨가
기다리는 건 무슨 소식일까

바람에 부딪히는 가지에서
뼈마디 부서지는 소리 들린다

우편배달부가 놓고 간 편지 한 통
발신은 남쪽나라

편지봉투에서 달빛이 흘러나와
춘당매를 활짝 웃게 한다
짙은 향 풍기며
침묵했던 근육들
세포들이 일어난다

목련이 포대기에 쌓여있다
개나리가 옴작옴작 움직이자
진달래가 기지개를 켠다

껍질 속에서 잠을 자던 초록이
하품하며 눈을 뜬다

## 진달래

햇불 든 너와
눈 마주친 그때
난 움직일 수 없었어

불구덩이에 달구어진 너의 눈
초점 잃어
허공으로 흩어지기까지

심장을 바치는 일이었어
다 타버린 영혼이
살갗에 쓰여지는 일이었어

내 무덤에 와줄래

# 별

그 많은 시간 동안
응고된 빛들

지금이라도
맑은 하늘을 깨뜨려
당신을 보고 싶다

영원히 식지 않는
불꽃을 먹고 사는
아버지의 영혼

구름 걷히면
볼 수 있을까
빛나는 당신

# 3부

# 기타를 치는 벚나무

# 청사과

청 빛이 나는 사과들이 모여 있다
너울되어 넘실거리며 바다를 닮아 출렁거린다
물결 따라 가보면 푸른 궁전으로 들어간다
한 입 깨물면 한 조각 푸름이 툭- 하고 떨어지고
선명하게 남은 한 입 자국
얼굴 찡그리는 하늘 뒤에
감춰진 가을 속살이 보인다

# 아담의 별

불 꺼지면
창밖에서
별 하나
나를 보고 웃습니다

오늘따라 유난히
빛나는
맑은 눈

별무리 중
가장
빛나는

들판에서 찾아오는
등불이 또 하나
사랑이다
불멸이다

## 보름달

손가락만한
구
멍
하나
생겼다

하
나
님
이
보인다

# 이월을 보내며

긴 잠을 자던 겨울 산들이
마주보고 앉아있더니
오랜 묵상으로 깊어진 그늘 아래로
작은 물소리가 들리기 시작한다

이월은 곧바로 이월되었다

# 어둔 밤 먹는 밤

빛나는 웃음이다
짙어지는 어둠 속에서
호떡처럼 익어가는 하늘 가로등
쫄깃하고 바삭한 밤 만들어내는 별 따려고
내 키 더하기 뒤꿈치 들고
두 손 쭉 뻗으면
그래도 한 뼘 모자란다
집에 있는 양동이 뒤집어놓고 올라선다
그래도 한 뼘 모자란다
이리저리 궁리 끝에
잠자리채로 휘이 저어본다
그물 속으로 들어갔다 나왔다 놓쳤다
달과 별이 활짝 웃는다
빛나는 웃음이다

# 기타를 치는 벚나무

나무 그늘에 누워있으니
기타소리가 시처럼 들려온다
시작하면 멈출 줄 모르는 음악의
몸속에서
나는 가끔 길을 잃어버리고 만다

들으면 들을수록 잎들은 나비가 되어
계곡과 들판을 지나 시냇물 곁에서
물소리와 함께 흐르기도 한다

나는 그 시간 속에 멈춰있다

육체를 벗어난 영혼이 나무와 함께 자라서
향기가 되어 내게로 스며든다
이 노래가 끝나면 내 인생도 끝날 것 같은

# 목련꽃

목련은 잎을 피우기 위해
스스로 물관을 한 뼘이나 뽑아 해답을 찾는다
저음으로 흔들리다
잎을 크게 키우려
꽃술을 입에서 토해낸다

낮술에 취해 불규칙한 파장을 일으켜도
지구 중심에 떨어져
내 비명이 주변을 놀라게 해도
허공에 달려있는 목숨 얼마나 더 느끼고 싶을까
답을 기다린다
한 뼘만 더

# 어떤 날

부산에 내려가다
금강휴게소에서 잠시 쉬다
화장실 가서 오줌 싸고
지퍼 올리고
뭘 먹을까 두리번거리다
감자튀김 한 봉지
오징어구이 들고
주책없이 흔들대면서
주차장으로 가다
"어"
"어"
어디서 많이 본 듯한 얼굴…
- 누구
- 여기 어쩐 일
서로 부둥켜안고 웃는 날

# 얼마주면 돼

시를 살까 하고 나무 아래 돗자리 깔았다
주변을 두리번거리다
산수유에게 흥정을 걸었더니
손사래치는 그녀

세상물정 모르고 피어나는 벚꽃이 있기에 물었더니
사람을 좇아 순결한 눈꽃을 흩날려야 한다고
살아서 마지막 작업을 하고 있다고 뿌리친다
난 허방을 짚었다
여덟 번째 돗자리를 접어 가방에 넣고 일어선다

이제 누구한테 가볼까

# 지구인

처마 끝에서
내리락 오르락
과거와 미래
행간의 미로에 줄을 긋는 거미
지구의 독기를 머금은 다리가
두 눈 두 귀 두 콧구멍
입으로
그리고 몸통으로 뽑아내는 그물
원형이 무너진다
뜯겨지는 살점
난 우주의 미아가 된다

## 장맛비

그렇게 살려내는구나

멀게만 느껴졌던 산들
불쑥 내 앞으로 다가온다
서로 바쁘다는 핑계로
메말랐던 정들이 돌아온다
도시 한복판
투박한 외투 입고 있는
아파트를 적셔놓아
물의 심장까지 드러나 보이게 한다

남녀가 우산 안에 산다
지붕에 떨어지는 소리가
매서울 때마다 더 가까워지고
때론
허물자국 남기지만
빗물이 가져가버린다
벌거벗은 빗방울이 더 세차게 쏟아진다

그렇게 살려내는구나

# 소낙비

사랑일까
무엇이 저리도 절실할까
공터에 비 내린다
아픈 목소리

비어있는 운동장을 두드린다
내 마음은 운동장보다
더 크게 비어있다
더 넓게 비어있는지도 모른다

곧게 선 빗줄기들
웅덩이마다 동심원을 그리고 있다
누구의 이름을 부르는 것일까

까맣게 잊힌 얼굴들이
눈빛들이
웅덩이 가득 명멸하고 있다
부딪치고 흩어지며

# 겨울비

하얀 눈꽃도
새떼들의 울음도
잎들도
모두
잊혀져가는 그림자

안개를 뚫고
내리는 겨울비가
푸르던 날들의 기억조차 잃어버린
나무들의 잠을 깨우고 있다

얼음 속에서도 얼지 않는
너의 긴 묵상이
흙의 심장소리와 함께
다시 꿈을 갖게 한다

겨울은 아직 끝나지 않았지만
굳은 땅속 깊이 흐르는
가는 핏줄이 오늘 비를 만난다

이제 멀지 않아
재회의 축포를 쏘아 올리겠다

# 엉덩이를 치우자

산에 올라갈 때면
앞사람 엉덩이만 쳐다보게 된다
엉덩이에 가려진 내일을 보지 못하고
건들거리며 올라간다
잠시 미래가 보일 때가 있다
쉴 때다
정상에 오르면 탁 트인 세상이 보이고
안보였던 미래가 펼쳐져 있기도 하다

내려올 때면
엉덩이가 미래를 다시 가져가버린다
뒤쫓아 오며 내 모습을 먹어치우는 그림자들이
바쁘게 쫓아오고 있다

저 앞에 미래가 걸어가고 있다

# 바보

바보였소
그대 못 잊어 울고 있던 바보였소
아닌 척 하다가
들켜버린

바보는 등짐 지고 석양 넘어
떠나야겠소
파편처럼 널린 은행 잎
다 담을 수 없는 추억이지만

한 남자의 떨림
잎 새의 울음소리라 기억해주오

무덤 뒤 이생의 한 켠에 서서

## 연필과 지우개

연필을 처음 잡았을 때
무엇을 그릴까 상상해 보았어요

연필을 두 번째 잡았을 때
갖고 싶었던 것들을 그려 보았어요

연필을 세 번째 잡았을 때
나의 미래를 그려 보았어요

그러던 어느 날
연필 옆에 지우개가 있다는 것을 알았어요

지우개를 처음 잡았을 때
고치고 싶은 부분이 있었어요

지우개를 두 번째 잡았을 때
그렸던 모든 것을 지워버렸어요

연필과 지우개를 곁에 두고
아무것도 그리지도 지우지도 않은 채 오래 살았어요

내가 연필과 지우개를 처음 만난 날로 돌아가
세상을 다시 그리고 지우게 된다면 어떤 선택을 하게 될까요

# 불청객

불청객이 왔다
침실에까지 쳐들어왔다
사생활침해가 너무 심하니 살 수가 없다
원하지 않아도 찾아온 봄
내 양말 속에까지 들어와서 발냄새를 맡고 있다
강아지도 옷을 벗었다
홀가분해서 좋겠지만 집안에 온통 개털이 날린다

유서를 써놓고
아파트 베란다에서
떨어지고 싶었는지 모른다
겨울은 자기가 쓴 처절한 비극소설 한 편 속에
실수로 봄을 적어놓았다

# 홍시

노을이 스며

떫은맛이 사라졌다

# 밤의 숲

하루 노동도
삽자루 누인 채 잠든다

종일토록 계산대를 두드리던
손길도 멈추었다

모두를 안고 재우려는
밤의 품은 유난히 넓다

그는 그렇게 우릴 데리고
깊은 숲으로 들어간다

# 이슬

바다에서 올라온 진주
사랑하는 사람 목에 걸리고 싶어
빛나면서 떨고 있는
또렷한 눈망울

# 가시 별

가시에 찔려
빛나는
별 하나

천 개의 슬픔
가운데
단 하나

비에 씻기고
바람에 탈색되어도
눈시울 붉어
그 눈물로
더욱 빛나는 별

해설

# 머물지 않는 영혼

– 조길성 시인

# 머물지 않는 영혼

**조 길 성** 시인

1.

이윤수 시인의 시집 『푸른 물고기』 원고를 받아들고 열흘 넘게 들여다보았다. 첫 시집 『13시에서 15시로 가는 길』과는 많이 다르면서도 닮은 부분이 있었으나 시적 사유의 측면에서만 보자면 첫 시집에 비할 바가 아니었다. 원고 자체로 무거웠다. 낯선 시인의 시를 평하고 해설한 적은 많이 있지만, 개인적으로 친분 있는 시인의 시를 해설한 적은 많지 않다. 친분이 있다는 사실이 해설에 제약을 가져올까 싶어 스스로 멀리했다는 게 맞을 것이다. 원고를 받은 지 보름이 지나면서는 몸이 저리기 시작했다. 헝클어진 실타래가 풀리지 않았다. 좀이 쑤시고 불편했다.

그러던 어느 날 영화 『그래비티』를 보러 가게 되었다. 영화를 보는 내내 푸른 물고기의 영상이 떠올랐다. 여주인공 샌드라 블락이 죽음의 위기를 가까스로 넘기고 진공상태에서 유영하며 긴장을 푸는 장면이 있었다. 그것은 자궁 속에 웅크린 태아의 모습을 닮아 있었다. 우리가 문명을 대하는 태도를 다시 한 번 돌아보게 하는 영화였다. 어머니 대지와의 연결고리가 없으면 사람도, 사람이 만든 문명의 이기도 아무 소용이 없다는 깨달음이 있었다. 깨달음과 함께 이윤수시인의 시 「사랑해」가 떠올랐다.

지구를 창조하는데 걸렸던 시간보다
짧은
종이 한 장보다
얇은
0.1초를 수만 번
쪼갠 순간 속에서
만난
'사랑해'라는 말의 팽창이 우주보다 더 커져

–「사랑해」 전문

어머니대지는 모든 생명의 근원이다. 사랑의 원천이다. 사랑이라는 말을 빼면 우리에게 무엇이 남을까 생각하면서도 푸른 물고기의 영상은 떠나지 않았다. 거기에 더해 문득문득 푸른 하늘의 영상이 구름을 뚫고 보이기 시작하는 것이었다. 만해 한용운의 『님의 침묵』 중 '지리한 장마 끝에 서풍에 몰려가는 무서운 검은 구름의 터진 틈으로, 언뜻언뜻 보이는 푸른 하늘은 누구의 얼굴입니까?'라는 대목까지 영상은 확대되어 뻗어나가고 있었다. 다시 시인의 시 '첫사랑'을 읽으며 가슴 뛰는 시어들을 좇아 푸른 지느러미 흔들며 가본다.

잎 하나
잎 둘
잎 셋을
차례로 부르면
일월에서 이월로
이월에서 삼월을 지나
사월이 언제라도 올 것만 같다

물 댄 논에 떠있는
구름 위에서
그렇게
첫사랑을 만났다

－「첫사랑」 전문

이윤수 시인의 이번 시집에는 유난히 떠나는 장면이 많다. '떠난다'는 말에는 우선 디아스포라나 집시, 그리고 우리나라에 이르면 남사당패가 떠오른다. 남북 이산가족을 떠올리면 '떠난다'는 말은 곧 '정처'라는 말과 어울리며 우리를 쓸쓸하게 하기도 한다. 그러나 이 시집에서는, 떠난다는 일이 유대민족의 세계적인 대이동이나 그에 따른 고난의 여정과는 많이 다르다. 집시의 유랑과도 다르고 기마민족의 대이동과도 맥을 달리한다. 가방 하나 달랑 메고 가볍게 떠나는 여행은 더더욱 아니다. '구름 위에서 그렇게' 만난 첫사랑처럼 설레는 '떠남'이다.

바닥이
다
보인다

늘
가득한
빈손

다 퍼주고도
웃는
사람

－「밥그릇」 전문

이미 바닥을 본 시인의 떠남에는 모험적인 요소도 다분히 포함되어 있지만, 다행히 그에 따른 위험보다는 떠남이 자유를 담보하리라는 믿음이 앞선다. 어머니 대지가 없으면 떠난다는 말도 성립되지 않기에, 떠난다는 말은 내가 이미 뿌리 내리고 있는 무엇이 있어 그 무엇으로부터 떠난다는 의미를 포함하고 있다.

'늘 가득한 빈손'으로 '다 퍼주고도 웃는' 모습으로 이미 충분히 준비된 '떠남'을 읽을 수 있다. 이윤수 시인에게 있어 '떠난다'는 것은 어떤 것이며, 또 '떠난다'는 것이 어떤 모습으로 변화하는지 시집 『푸른 물고기』를 살펴보러 떠난다.

어제였지
저녁이었어
언덕이었는데 나무가 있었지 그늘이 제법 근사했어
석양이 지는 쪽을 바라보며 우린 나란히 앉아있었지
브레드피트가 저 먼 곳으로부터 다가올 때까지만 해도
난 믿지 않았어
당신은 그를 좋아했지만
솔직히 질투했다는 거 이제는 인정해
나는 남자답지 못했어
당신 팔을 붙잡고 소리 없이 떨고만 있었지
날 위해 용감하게 싸워주는 브레드피트를 보고
아무 할 말이 없었어
용서는 그다음이었지
우리가 앉아있던 그 자리
풀들이 쓰러져 누운
우리들의 몸자국, 지문 같은 표식
개망초처럼 흔들리며 바라보던 석양을
나는 결코 잊지 못할 거야
영화관 밖으로 나왔지만
아직도 영화는 진행되고 있는 기분이야
언데드는 여기일까 영화 속일까
중요한 건 이 지구에서 유일하게 살아남은 건
당신과 나뿐이라는 걸

-「월드워Z」 전문

미국배우 브레드 피트가 주인공으로 나오는 좀비 영화 「월드워Z」이다. 내용에 종말론적 메시지가 깔린 건 물론이고 좀비퇴치약을 만들어 지구를 구하는 영웅설정 또한 당근이다. 살아남은 자의 숫자가 소수인 것은 에덴동산에 대한 또 다른 버전이 된다. "언덕이었는데 나무가 있었지 그늘이 제법 근사했어"는 누가 누구에게 한 말일까를 생각해보면 아담이 에덴동산에서 하와에게 한 말일 수도 있지 않을까 싶다. "중요한 건 이 지구에서 유일하게 살아남은 건 당신과 나뿐이라는 걸"이라고 시인이 말할 때, 우리는 시인이 의식하고 있지는 못하더라도 이미 새 하늘과 새 땅이 열려있음을 눈치채게 된다. 열려있다는 것은 가능태이다. 따라서 그 어떤 미래를 그려도 된다는 약속이 상으로 얹혀온다.

여기서 궁금해지는 것은 당신이다. "영화관 밖으로 나왔지만 아직도 영화는 진행되고 있는 기분이야 언데드는 여기일까 영화 속일까?" '당신'은 영화 속에도 있고 영화 밖에도 있을 수 있다. '당신'을 알아야 시집 「푸른 물고기」와 더불어 자유롭게 헤엄을 치게 될 것이다.

> 한집에 사는 형제들은
> 다르면서도 서로를 좋아한다
> 한 줄 튕기면 옆줄을 깨우고
> 또 다른 줄도 나란히 일어나
> 집을 울린다
> 가끔 음색이 다른 소리가 섞이기도 한다
> 왁자지껄 불협화음이 되기도 하지만

도는 레와 미는 파와 솔은 라가
서로 밀어주고 끌어주는 조율을 거쳐
하나로 모여든다

음악을 연주하는 악사는 누굴까
빠르게 그리고 때론 느리게
손가락을 튕겨낸다
맑은 물소리가 난다

-「기타」 전문

그 누군가, 누구라 해도 좋은 익명의 연주자가 기타를 퉁기는 모습이 자연스레 연상되는 시이다. 여기서 다시 의문이 들기 시작한다. 시인은 왜 굳이 "음악을 연주하는 악사는 누굴까"라며 묻고 있다. 영화「월드워Z」에서도 "언데드는 여기일까 영화 속일까"라며 의문을 표시하고 있다. '당신'도 그 누구도 대답하지 않는다. '당신'은 누구일까 '음악을 연주하는' 악사는 누구일까 가상의 님일까 시인이 믿는 하나님일까, 어떤 대상일 수도 있다. 한용운의 「님의 침묵」에 등장하는 님은 아닐까 "도는 레와 미는 파와 솔은 라가 서로 밀어주고 끌어주는 조율을 거쳐 하나로 모여 든다"에서 조율을 거쳐 하나로 모여드는 일을 주관하는 자는 '연주자'이며 '당신'이라는 것을 유추해볼 수 있다.

청 빛이 나는 사과들이 모여 있다
너울 되어 넘실거리며 바다를 닮아 출렁거린다
물결 따라가 보면 푸른 궁전으로 들어간다
한 입 깨물면 한 조각 푸름이 툭- 하고 떨어지고
선명하게 남은 한 입 자국
얼굴 찡그리는 하늘 뒤에
감춰진 가을 속살이 보인다

-「청사과」 전문

"물결 따라 가보면 푸른 궁전으로 들어간다." 들어가는 길목에는 "푸른 하늘 뒤에 감춰진 가을 속살이 보인다."

시인은 「목련 꽃」에서도 "허공에 달려있는 목숨 얼마나 더 느끼고 싶을까 답을 기다린다 한 뼘만 더"라며 답을 기다리고 있다.

시를 살까 하고 나무아래 돗자리 깔았다
주변을 두리번거리다
산수유에게 흥정을 걸었더니
손사래치는 그녀

-「얼마면 돼」 부분

이 시에서 시인이 흥정하고 있는 것은 시이다. 산수유에 흥정을 걸었으나 그녀의 손사래만 돌아온다. "난 허방 짚었다

여덟 번째 돗자리를 접어 가방에 넣고 일어선다.” 여덟 번이나 흥정을 걸었으나 번번이 퇴짜를 맞고 마는 시인이다. 이 시에서 시인이 말하고 있는 ‘당신’은 혹시 ‘시’가 아닐까 생각해 볼 수 있겠다. 또 시 「소낙비」에서도 “곧게 선 빗줄기들 웅덩이마다 동심원을 그리고 있다 누구의 이름을 부르는 것일까”라며 여전히 질문을 던지지만 “까맣게 잊힌 얼굴들이 눈빛들이 웅덩이 가득 명멸하고 있다 부딪치고 흩어지며”, 역시 대답이 없다.

어떤 때는 외길처럼 보이고
어떤 때는 밑바닥 인생 같기도 해
어떤 때는 외나무다리 같아
길 위에서 오도 가도 못하지 하지만
어떤 때는 출발선 같아
수평선 넘어 다른 세상을 꿈꾸기도 하지

자 오늘 하루도
줄 하나 그으며 시작해

-「가로줄 하나 그으며」 전문

이 시에서 시인은 “수평선 넘어 다른 세상을 꿈꾸기도” 한다는 사실을 밝히고 있다. 그러면서 “오늘 하루도 줄 하나 그으며 시작”하려 한다. 줄을 긋는 행위는 어떤 일을, 행위를 시작하기 위해 그 결심을 보여주는 행위이다. 아울러 현재까지의 일, 또는 사건들과는 일정 정도 이상의 선을 긋는 것을 의미한다. 이윤수 시집 『푸른 물고기』에서 가장 눈에 띄는 '떠나는' 장면들을 대표하는 시가 「가로줄 하나 그으며」이다. 그 외의 시 「동풍을 타야겠소」에서 보면 "여기 있다가는 내가 나를 버릴 것 같아 동풍을 타고 넘어가야겠소.", 「가을 손수건」에서는 "가슴 가까운 안쪽 주머니에 가을을 넣고 걸어간다."든가, 「겨울나무」에서 "가는 핏줄이 비를 만나 시작을 알린다."거나, 「엉덩이를 치우자」에서는 "저 앞에 미래가 걸어가고 있다", 또 「바보」에서 "바보는 등짐 지고 석양 넘어 떠나야겠소." 등 시집 곳곳에 '떠남'을 짐작케 하는 구절들이 숨어있다.

2.

오래 묵은 책갈피 속에서
밑줄들이 가끔 신호를 보내올 때가 있다

언제나 미로 속에서 밑줄은 글자들이 땅으로 꺼지거나 공기 중으로 날아가버릴지 모른다는 두려움 같은 것이 있어 문장으로 포획해 가둬버린다

그 발 아래 그어진 밑줄에는 중요도에 따라 별 하나 별 두 개 별 세 개가 진하게 흐리게 그리고 조형과 균형을 맞추어가며 빛나고 있다 그 별들의 중력이 무질서한 글자들을 묶어 망각될 기억들을 붙잡고 있다 난 당신을 기억하기 위해 가장 굵고 진한 별을 그려놓고 빨간 색연필로 발아래 밑줄을 그었는지도 모른다

파란색 밑줄이 포박을 풀고 나를 바다로 데려간다
물고기처럼 튀어 오르는 글자들을 따라가노라면
형광펜들이 등대처럼 환한 불을 켜놓고 길을 밝혀준다

누군가 백 년 뒤에 내가 그어놓은 밑줄을 따라 가장 굵고 진한 별을 향해 또 다른 당신을 찾아 나설 것이다.

-「밑줄」 전문

이미 시인은 「가로 줄 하나 그으며」 떠날 준비를 하고 있다. "오래 묵은 책갈피 속에서 밑줄들이 가끔 신호"를 보내오는, 가로 줄은 「밑줄」을 그으며 시작되었던 것이다. 그 밑줄은 "당신을 기억하기 위해 가장 굵고 진한별을 그려놓고 빨간색 연필로 밑줄을 그었는지도 모른다" 그리하여 "파란색 밑줄이 포박을 풀고 나를 바다로 데려간"다. "물고기처럼 튀어 오르는 글자들을 따라 가노라면" "밑줄을 따라 가장 굵고 진한별을 향해 또 다른 당신을 찾아" 누군가 이 길을 나설 것이라 말한다. 그것도 백 년 뒤에.

이제 「월드 워 Z」에서부터 뒤를 따라왔던 '당신'의 실체가 보이는 듯하다. '당신'은 "글자들" 속에 있으며 '당신'을 기억하기 위해 '당신' 발아래 밑줄을 그었던 것이다. 글자들은 책을 뜻하는 것이라 봐야 한다. 시인에게 있어 책은 어떤 책을 말하는 것일까를 생각해 보면 '책'은 바로 '시집'을 뜻하며 그러므로 '시'는 곧 끝내 '당신'이 되는 것이다.

'당신', 곧 '시'는 "중요도에 따라 별 하나 별 두 개 별 세 개가 진하게" 그려져 있다. '당신'을 기억하기 위해 밑줄을 그었으니 그 글자들은 시집에 들어있는 글자로서의 '시'가 되겠으나, 달리 생각해보면 시인이 믿는 기독교의 하나님을 대변할 수도 있는, '성경' 속 글자들인 '말씀'이 되는 것이다. 말씀은 곧 하나님이라 했으니, 그리하여 '당신'은 하나님이 된다.

우연인지 필연인지 이 시집 「푸른 물고기」에는 '별'이라는 단어를 가진 제목의 시가 세 편이 들어있다. 시인은 알까, 위의 시 「밑줄」에도 별 세 개가 등장한다는 것을……. "밑줄에는 중요도에 따라 별 하나 별 두 개 별 세 개가 진하게" 그려져 있다. 「별」, 「아담의 별」, 「가시별」 이렇게 세 편이 빛나고 있다.

그 많은 시간 동안
응고된 빛들

지금이라도
맑은 하늘을 깨뜨려
당신을 보고 싶다

영원히 식지 않는
불꽃을 먹고 사는
아버지의 영혼
구름 걷히면

볼 수 있을까
빛나는 당신

-「별」 전문

이윤수 시집 원고를 받아들고 꼼꼼히 들여다보던 어느 순간 푸른 하늘의 영상이 떠오르며 한용운 시인의 「님의 침묵」을 생각했다. "지리한 장마 끝에 서풍에 몰려가는 무서운 검은 구름의 터진 틈으로, 언뜻언뜻 보이는 푸른 하늘은 누구의 얼굴입니까" 시인은 이미 맑은 하늘을 보고 있다. "맑은 하늘을 깨뜨려" 보고픈 '당신'은 "영원히 식지 않는 불꽃을 먹고 사는" 영혼을 가졌다. 그런데 "구름 걷히면 볼 수 있을까 빛나는" '당신'을 호명하고 있다. 여기에서 '구름'이 느닷없게 느껴질 수도 있겠지만 「님의 침묵」을 생각해보면 짐작이 될 것이다. 이미 충분히 맑은 하늘을 깨뜨린다는 것과 그 맑은 하늘을 바라보며 육신의 눈에는 보이지 않는 구름을 걷어내고까지 보고 싶은 '당신'인 것이다. 그렇게 간절한 '당신'을 만나기 위해 시인은 '떠나는' 것이다. 이윤수의 '떠남'은 단순한 떠남이 아니며 이중 삼중의 헝클어진 실타래를 풀어가며 오래도록 준비한 '떠남'인 것이다.

어린 은행나무 하나 바람에 흔들린다
밤마다 서너 개의 뿌리가 늘어난다
한 개씩 늘어날 때마다
한 개씩 나무를 벗어나고 싶은 뿌리는

몸통을 지나 여린 잎에 잔가시를 새긴다
큰 나무 그늘 사이에서도
날개를 접지 못하는 거목이 되는 꿈
푸르게 퍼득거린다
자꾸만 뛰고 싶어
가지 끝까지 힘을 뻗어 마구 흔들어댄다
그가 파도친다
생의 완성을 위해
여린 잎들 활주로를 달린다

-「푸른 물고기」 전문

이 시를 오래도록 읽으며 김수영 시인의 시 「거대한 뿌리」를 생각했다. 시인은 떠날 준비가 되었으며 그 '떠남'은 '당신'을 만나기 위해서다. '당신'은 '시'이며 '하나님'이며 또 다른 무엇일 수도 있다. 그것이 무엇일지라도 시인은 이미 떠나고 있으니 장도에 오른 시인을 축하하고 격려해야 할 일이다. 그 여정은 쉽지 않을 것이다. 시 「별」에서처럼 이미 충분히 맑은 하늘을 다시 깨치고 나가려는 것이다. 나아가 그 맑은 하늘에 드리운 구름을, 아무도 보지 못하는 구름을, 홀로 걷고서 '당신'을 향해 나가는 것이다. 그러나 시인의 '떠남'은 구체적이다.

뿌리 있는 식물은 어머니 대지를 쉽사리 떠나지 못하는 법이다. 아니 시인은 떠나지 않으며 또한 떠나는 길을 택하고 있다. "날개를 접지 못"하지만 "거목이 되는 꿈"을 꾸기도 한다. 또 다른 시 「아담의 별」을 보면 "들판에서 찾아오는 등불이 또 하나" 있다. 그 등불은 희망적이다. 시인은 나직이 외치고 있다. "사랑이다 불멸이다" 시인은 「가로 줄 하나 그으며」 출발을 하고 있다. 그 가로 줄은 「밑줄」로 읽힌다. 그 「밑줄」이 시인의 포박을 풀고 바다로 데리고 갔다. "물고기처럼 튀어오르는 글자들을 따라" 가는 것이다. 이미 「밥그릇」을 다 비운 시인은 이제 진정으로 채우기 위해 떠나는 것이다. 그의 떠남은 주기도문에 있듯 "하늘에서 이룬 것 같이 땅에서도 이루"기 위한 떠남이다. 그 "떠남"은 뿌리박기이며 단단하고도 거대한 꿈의 시작인 것이다. "말씀"이 '시'가 되는 꿈이다.

"그가 파도친다", "생의 완성을 위해" 우리는 박수를 칠 뿐이다.

이윤수 시집

**푸른 물고기**

초판인쇄일 2014년 3월 25일
초판발행일 2014년 4월 1일

지은이 : 이윤수
발행인 : 김순진
편집장 : 전하라
디자인 : 김초롱
펴낸곳 : 도서출판 문학공원
등 록 : 2004년 3월 9일 제6-706호
주 소 : (우편번호 130-814)서울 동대문구 난계로 26길 17호
삼우빌딩 C동 302호 스토리문학사
전 화 : 02-2234-1666
팩 스 : 02-2236-1666
홈페이지 : http://cafe.daum.net/yob51
이메일 : 4615562@hanmail.net

※ 잘못된 책은 교환해 드립니다.
※ 책값은 뒤표지에 있습니다.
※ 이 책은 안산시 문화예술진흥기금의 일부를 지원받습니다.